Claire-Isabell

Guide du délégué de classe

LES ESSENTIELS MILAN JUNIOR

Sommaire

Une année de travail au moins

Pour les plus curieux

En route pour de nouvelles aventures

Un monde à découvrir

Les vacances sont terminées, la rentrée est proche.
Et quelle rentrée ! Tu n'es plus un écolier, mais un collégien.
Nouveaux lieux, nouveaux copains, nouveaux professeurs :
tout est réuni pour vivre de nouvelles expériences.
Et pourquoi pas celle de devenir délégué de classe ?

Quoi de neuf ?

Le collège est plus grand que l'école primaire et il est parfois
difficile de s'y retrouver. Heureusement, le professeur principal
est là. Toute l'année, il sera ton interlocuteur privilégié. Il t'ai-
dera à t'orienter dans ton nouveau lieu de vie, dans ton emploi
du temps. Car il faudra te déplacer dans des salles spécialisées :
sciences, musique, arts plastiques. Alors prépare ton plan ! ■

Des têtes nouvelles

Au collège, chaque matière est
enseignée par un professeur
spécialisé, même si parfois
certains enseignants ont
plusieurs spécialités.
C'est le cas du professeur
d'histoire-géographie, qui
enseigne aussi l'éducation
civique. Dans le cadre de cette
matière, il est souvent chargé
d'organiser les élections des délégués de classe. Il y a
d'autres adultes indispensables au fonctionnement du collège : le documentaliste, le CPE, les surveillants, l'infirmière,
les agents d'entretien... et le principal et son adjoint. ■

Des habitudes de grands

Le collège, c'est commencer plus tôt, finir plus tard, manger à la cantine, peut-être aussi prendre le bus... C'est changer de professeur chaque heure, avoir un emploi du temps différent suivant les jours et apprendre de nouvelles matières. Et c'est surtout devenir plus indépendant, responsable et autonome. Bref, l'occasion d'entrer dans le monde des « grands ».

Première rencontre

Pour les professeurs, la rentrée et l'arrivée des sixième est aussi un moment impressionnant. Eux aussi ont un nouvel emploi du temps, de nouvelles classes avec des têtes inconnues à mémoriser. Parfois, c'est leur première rentrée et ils sont sûrement plus anxieux que les élèves ! Le premier jour, le professeur principal vous accueillera. N'hésite pas à lui poser des questions, et notamment sur la fonction de délégué. Il sera content de voir un élève motivé !

Pourquoi des délégués de classe ?

Les délégués sont les représentants des élèves. Chaque classe du collège doit en élire ; même en sixième, on peut exprimer son avis. Le professeur d'éducation civique, le professeur principal et le CPE organisent les élections. Alors préparez vos bulletins de vote !

Des missions différentes

Le travail du délégué est varié : dans la classe, il doit aider à une bonne entente entre élèves. Dansle collège, il représente ses camarades, qu'il connaît bien. À l'extérieur, il est le porte-parole de son établissement. Tout cela s'apprend grâceà la formation et aussi avec l'expérience.

Le délégué, un intermédiaire entre les élèves et les adultes

Au collège, chaque niveau comporte plusieurs classes de 25 à 30 élèves. Il est difficile, voire impossible, de réunir tout le monde en même temps. Les différentes classes n'ont pas forcément les mêmes attentes et désirs.

Les délégués sont élus pour servir d'intermédiaires et simplifier les relations entre les élèves et les adultes. Pour cela, ils sont indispensables.

Vivre ensemble

Parfois, certains petits problèmes ne concernent que les élèves : disputes, moqueries. Il est alors plus facile de se confier à quelqu'un de son âge, qui parle comme un élève. Le délégué peut trouver une solution aux petites difficultés,

conseiller d'aller voir un adulte, l'infirmière ou le conseiller d'orientation, par exemple.

L'apprentissage de la citoyenneté

Être délégué n'est pas de tout repos. Mais se voir confier des responsabilités, être écouté, s'impliquer dans la vie du collège sont des occasions de pratiquer la démocratie. Peut-être même est-ce le début d'une grande carrière d'homme ou de femme politique !

Imaginons...

Un collège sans délégués... Le règlement est écrit par le principal, qui impose ses idées. Personne ne distribue les papiers importants, ne donne les horaires des conseils de classe, ne transmet les décisions des professeurs. Pas d'informations, pas de clubs, pas d'activités, personne n'écoute personne, c'est chacun pour soi.

dico

ATOSS : personnel administratif, technique, ouvrier, de service, social ou de santé (le concierge, les cuisiniers…).

Conseil d'administration, ou CA : assemblée qui réunit l'administration, les représentants des professeurs, des ATOSS, des élèves, des parents, de la mairie et du département et qui prend des décisions sur le fonctionnement du collège.

Démocratie : système politique d'un pays qui, comme en France, respecte les droits et les libertés de chacun.

CPE : conseiller principal d'éducation ; il s'occupe des absences, des retards, des problèmes de discipline et de la formation des délégués.

Le savais-tu ?

Les autres délégués

Au collège, il n'y a pas que les délégués élèves, il y a aussi ceux des professeurs, des ATOSS, des surveillants. Et les délégués élèves doivent aussi élire les « superdélégués », qui représentent tous les élèves au conseil d'administration du collège..

Depuis 1977, des textes officiels (bulletins officiels, ou BO) définissent le rôle et les tâches du délégué de classe pour tous les établissements).

Qui fait quoi au collège ?

Au collège, chacun a un rôle précis et tous, adultes comme élèves, participent au bon fonctionnement de l'établissement.

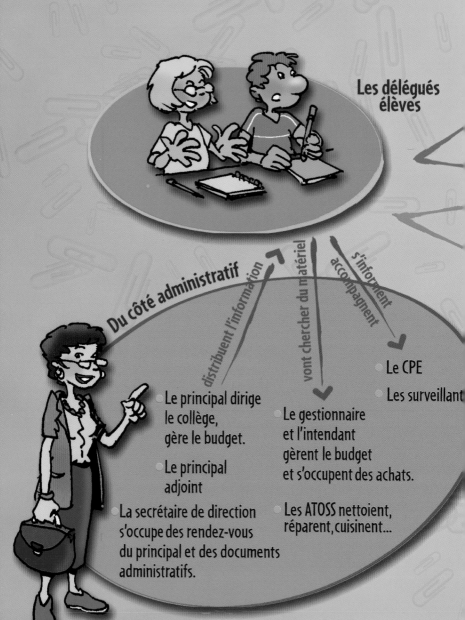

Les délégués élèves

Du côté administratif

distribuent l'information

vont chercher du matériel

s'informent accompagnent

Le CPE

Les surveillants

Le principal dirige le collège, gère le budget.

Le principal adjoint

La secrétaire de direction s'occupe des rendez-vous du principal et des documents administratifs.

Le gestionnaire et l'intendant gèrent le budget et s'occupent des achats.

Les ATOSS nettoient, réparent, cuisinent...

Du côté enseignant

questionnent

- Les professeurs enseignent.
- Le documentaliste s'occupe du CDI.

Le conseiller d'orientation psychologue t'informe sur ton orientation.

Du côté santé

accompagnent

- L'infirmière soigne les bobos.
- Le médecin scolaire vérifie ton état de santé en 6e et en 3e.

Comme tu le vois, au collège, beaucoup de gens vivent et travaillent ensemble. Pour faciliter les relations entre toutes ces personnes, il est nécessaire d'avoir des règles communes : c'est le règlement intérieur. Il précise les horaires, les droits et devoirs de chacun. De plus en plus souvent, l'administration invite les élèves à participer à la rédaction de ce texte. Car il est plus facile de respecter des obligations qu'on a décidées soi-même !

Le lien entre deux mondes

Au collège, tu apprends à devenir autonome et à travailler en équipe. C'est encore plus vrai pour le délégué de classe, qui est l'intermédiaire privilégié des différents groupes.

La planète collège

Au collège, chacun a des lieux désignés. Les professeurs ont la salle des professeurs, le personnel administratif se trouve dans les bureaux, les surveillants dans leur bureau ou dans la cour et les élèves le plus souvent dans la cour ou les couloirs. Il n'est pas facile de se rencontrer et d'échanger des idées. La fonction officielle des délégués leur permet de s'adresser facilement aux adultes. Ils doivent en profiter sans oublier d'être polis : bonjour, s'il vous plaît, merci et au revoir sont les meilleurs passe-partout.

Les délégués et le principal

Le principal est un personnage important, le chef en quelque sorte. Tu auras rarement affaire à lui. Si nécessaire, il te convoquera et, si c'est toi qui souhaites le rencontrer, tu devras prendre rendez-vous auprès de son secrétariat. Devant lui, pas question de mâcher du chewing-gum ou de garder ta casquette ! Une fois par trimestre, au moins, il réunit les délégués pour parler des conditions de vie dans l'établissement.

Les délégués et le conseil d'administration

En sixième et en cinquième, tu ne peux participer directement au conseil d'administration, qui est réservé aux élèves de quatrième et de troisième. Mais tous les délégués doivent élire leurs deux représentants. Le conseil d'administration, ou CA, est très important. Il vote le budget, le règlement intérieur et s'occupe de la vie de la communauté scolaire. C'est pour cela qu'il faut élire des représentants sérieux.

Les délégués et les professeurs

Tous les professeurs n'ont pas les mêmes méthodes et les mêmes relations avec leurs élèves. S'il y a un problème avec un professeur, il ne faut pas attendre le conseil de classe pour le régler (d'ailleurs, le conseil de classe ne sert pas à régler ses comptes !). Les délégués sont là pour essayer d'empêcher les problèmes de s'aggraver, en restant justes et objectifs.

Bonne entente

Les ATOSS sont chargés de tenir les lieux propres, mais ce n'est pas une raison pour tout salir. Il suffit de gestes simples pour simplifier leur travail : jeter les papiers à la poubelle, ne pas écrire sur les murs et les tables...

dico

Budget : argent dont dispose le collège pour fonctionner ; il est voté par le conseil d'administration.

Conseil : d'administration, ou CA : assemblée qui réunit l'administration, les représentants des professeurs, des ATOSS, des élèves, des parents, de la mairie et du département et qui prend des décisions sur le fonctionnement du collège.

Règlement intérieur : texte qui précise le fonctionnement du collège, qui dit ce qui est permis ou non ; en général, on le trouve dans le carnet de correspondance.

Devenir un bon délégué, ça s'apprend...

Être délégué peut te paraître compliqué. Mais, comme pour tout, il y a un mode d'emploi et des personnes prévus pour t'aider à réussir ta mission.

Comme la conduite accompagnée

Une fois élus, les délégués sont réunis par le CPE. Il leur explique leur rôle, leurs droits et leurs obligations. Les réunions se déroulent souvent entre midi et 2 heures, pour ne pas retarder ceux qui prennent le bus. Elles t'aident à être un bon délégué, capable d'écouter, d'animer et d'informer.

C'est en forgeant qu'on devient forgeron

Tes débuts seront peut-être difficiles et tu n'oseras pas parler en public. Pas d'inquiétude : lorsque tu connaîtras bien ton rôle, les différents interlocuteurs et aussi le fonctionnement du collège, les mots et les idées viendront tout seuls.

Le savais-tu ?

Les cinq commandements

Tu te dis que tu ne te souviendras jamais de tout ce qu'il faut faire ou dire pour être un bon délégué. Retiens ces quelques principes, ils sont la clé de la réussite : savoir écouter, ne pas monopoliser la parole, défendre ses camarades, mais sans prendre parti, donner le bon exemple, être toujours attentif aux autres... À toi de compléter cette liste !

Un jeu pour apprendre

Le CPE organise des séances de formation sous forme de jeux. Les élèves sont répartis en groupes avec un animateur, un secrétaire et un rapporteur. Chaque groupe doit trouver ce qu'est le délégué et ce qu'il n'est pas. Ensuite, chaque groupe réalise un panneau. Ce jeu permet d'échanger des idées, d'apprendre à s'exprimer devant un public et à travailler en groupe.

L'heure de vie de classe

Une heure toutes les deux semaines, l'heure de vie de classe (HVC) réunit tous les élèves d'une classe et leur professeur principal pour évoquer les problèmes et poser des questions. On y apprend aussi à s'exprimer en public, à écouter celui qui parle, à attendre son tour. Cette heure n'est pas un cours et peut être animée par les délégués. Encore une occasion de s'entraîner.

Tous ensemble

Le délégué n'est pas un solitaire, il fait partie d'un groupe : ses camarades, les autres délégués – titulaires et suppléants – et les adultes sont toujours présents pour lui donner des conseils.

La formation intensive

Le CPE de ton collège te proposera peut-être un stage de formation. Pendant une journée ou deux, tu aborderas tous les problèmes que peut rencontrer un délégué durant son mandat.

dico

CPE : voir définition p. 9.

Heure de vie de classe : heure par semaine ou par quinzaine qui permet de réunir tous les élèves d'une classe et le professeur pour parler

Professeur principal : professeur qui s'occupe plus spécialement d'une classe, de l'accueil en début d'année, de la distribution des papiers…

Rapporteur : dans un travail de groupe, c'est celui qui transmet aux autres groupes les résultats de son groupe.

Suppléant : c'est le remplaçant du titulaire.

Suis-je le délégué idéal ?

Le grand moment des élections est arrivé. Il faut des candidats, si possible garçons et filles. Mais il est difficile de se décider. Tu es trop timide, trop modeste ? Allez, lance-toi !

Je suis trop nul !

Être délégué de classe n'est pas réservé aux bons élèves. Même si tu as parfois des résultats scolaires pas très bons ou pas bons du tout, tu peux devenir un excellent délégué.

Mon emploi du temps est déjà chargé

Peut-être as-tu des activités extrascolaires le mercredi ou le samedi et penses-tu ne pas avoir le temps d'être délégué ? Mais le délégué ne travaille que pendant les heures de cours, et les conseils de classe ont lieu le soir une fois par trimestre seulement.

Je ne sais pas parler, je suis trop timide

Le délégué s'exprime rarement pour lui-même, il parle au nom des autres. Et puis les délégués sont deux, tu peux t'occuper de distribuer les papiers et laisser l'autre parler pour vous deux.

Je ne connais personne, je vais me ridiculiser

Tu es peut-être le seul issu de ton ancienne école dans cette classe et tu penses n'avoir aucune chance, mais c'est justement l'occasion de te faire connaître et d'avoir la bonne surprise d'être choisi par tes nouveaux camarades.

L'organisation, c'est ton truc !

Tu n'aimes pas les imprévus, tu aimes savoir à l'avance ce que tu dois faire pour ne rien oublier. Tu sais organiser ton travail, tes rendez-vous, tes loisirs. Alors présente-toi, tu as les qualités d'organisation d'un bon délégué.

Toujours les mêmes

Les candidats sont souvent les plus bavards, les plus dynamiques ou les plus sérieux ? Si tu n'es ni l'un ni l'autre, présente-toi, tu créeras la surprise… et tu deviendras peut-être bavard, dynamique et sérieux.

Le savais-tu ?

Doublure de délégué

Tu veux bien essayer, mais tu as peur d'échouer : tu peux te présenter au poste de suppléant et remplacer le titulaire s'il est absent. Et l'année prochaine peut-être auras-tu envie d'être titulaire à ton tour.

Silence radio

Il arrive que personne ne veuille devenir délégué. Que faire ? Désigner la plus intelligente, le plus beau ? Non ; si, après discussion, personne ne souhaite se présenter, alors la classe n'aura pas de délégué. Mais c'est dommage de se priver du droit à la parole.

Vaincre sa timidité

Certains élèves très timides prennent leur courage à deux mains et décident finalement de se présenter. Ils le regrettent rarement. Certains font même une belle carrière, puisqu'ils se représentent d'année en année et sont même élus au conseil d'administration. Belle revanche sur leur timidité !

dico *Conseil d'administration, ou CA : assemblée qui réunit l'administration, les représentants des professeurs, des ATOSS, des élèves, des parents, de la mairie et du département et qui prend des décisions sur le fonctionnement du collège.*

Suppléant : voir définition p. 15.

La campagne électorale, le discours

Pour être élu, il ne suffit pas de te présenter. Il faut convaincre tes camarades de voter pour toi en les persuadant que tu seras le meilleur. C'est ce qu'on appelle la campagne électorale.

À la tête du client

On pourrait voter pour la plus belle ou le plus fort. Mais la beauté et la force ne sont pas forcément les signes caractéristiques d'un bon délégué. Tandis qu'un bon discours convaincra les électeurs.

Un bon orateur

Écrire, ce n'est pas parler : le candidat doit savoir rédiger un discours en « bon » français, il doit être convaincant. Mais il doit surtout être capable de le dire sans le lire, ni même le réciter, et avec conviction. Il ne faut pas non plus jouer la comédie et faire des promesses irréalisables !

Le bon discours

En fait, il n'y a pas de règle ; le meilleur discours est celui que tu auras écrit « avec le cœur ». Il ne doit pas être trop court – tes camarades doivent pouvoir mieux te connaître et juger de tes capacités –, mais pas trop long non plus, pour ne pas lasser !

Et la télévision !

S'il y a un club vidéo au collège, ou si quelqu'un est d'accord pour prêter une caméra, vous pouvez filmer les candidats, organiser un débat comme à la télé, faire un sondage, des reportages. Et, s'il n'y a pas de club, voilà l'occasion d'en créer un.

Des affiches

Pourquoi ne pas organiser un concours d'affiches électorales avec photos et slogans ? Le professeur d'arts plastiques serait sûrement ravi de vous aider et de vous conseiller.

La clé de la réussite

Un discours doit comporter certains éléments indispensables :

• ta présentation : non pas physique, mais ton caractère, tes goûts, tes occupations extrascolaires,

• tes qualités pour cette fonction, sans trop enjoliver (ouvert, attentif aux autres, bavard, mais pas trop…),

• ton programme : ce que tu feras quand tu seras élu (propositions d'animations, de clubs, de sorties…),

• être réaliste : ne promets pas ce que tu ne pourras tenir, comme supprimer les cours de maths ou allonger la récréation !

 *Électeur : celui qui vote.*

Le savais-tu ?

Soigne la forme

Lors d'une campagne électorale, des élèves de sixième devaient faire un discours. Certains ont beaucoup travaillé, d'autres moins, et pourtant ces derniers ont eu une meilleure note ! Pourquoi ? Leur présentation orale était plus vivante et naturelle. Alors entraîne-toi devant un miroir !

Le scrutin

Avant la fin de la septième semaine suivant la rentrée et après une brillante campagne électorale vient le moment pour tes camarades et toi de faire un choix : c'est le vote.

Les candidats

Les candidats, titulaires et suppléants, doivent déposer leur candidature individuelle quelques jours avant le vote – pour pouvoir organiser la campagne électorale – ou le jour même de l'élection si on ne peut faire autrement. Chaque classe élit deux délégués titulaires et deux suppléants (les remplaçants). En général, on essaie de respecter la parité, c'est-à-dire un garçon et une fille, mais ce n'est pas une obligation.

Le vote

Le vote se déroule pendant l'heure de vie de classe, avec le professeur principal ou le professeur d'éducation civique. Chaque élève est un électeur, même les redoublants, les étrangers ou les candidats. Le vote est secret : chaque électeur écrit le nom du candidat choisi sur un papier. On peut même voter pour quelqu'un qui ne se présente pas.

C'est du sérieux

Les bulletins sont glissés dans une urne ou, à défaut, dans une trousse vide ! Le président, le professeur et les deux assesseurs (qui sont des élèves) dépouillent les bulletins : ils lisent les noms sur les bulletins, notent les résultats sur le tableau et comptent les voix de chacun. Suivant le total obtenu, on est déclaré titulaire ou suppléant.

J'ai gagné

Deux possibilités se présentent : est déclaré élu celui qui obtient la majorité absolue au premier tour ; s'il n'y a pas de majorité absolue, on organise un deuxième tour. Il suffit alors d'avoir la majorité relative. Les résultats sont notés sur un « papier officiel » signé par le président, les assesseurs et les élus.

Égalité

Que faire lorsque, après le deuxième tour, plusieurs candidats sont à égalité ? C'est alors le plus jeune qui est élu.

dico

Assesseur : personne qui surveille le vote pour qu'il n'y ait pas de tricherie, lit les bulletins de vote et note les résultats.

Éducation civique : matière scolaire qui nous apprend à vivre et à nous comporter dans la société.

Électeur : celui qui vote.

Heure de vie de classe : voir définition p. 15.

Majorité absolue : pour un candidat aux élections, c'est obtenir la moitié des voix plus une.

Majorité relative : pour un candidat aux élections, c'est obtenir plus de voix que les autres candidats.

Parité : c'est avoir le même nombre de filles que de garçons.

Professeur principal : voir définition p. 15.

Suppléant : voir définition p. 15.

Un mauvais choix

Le jour de l'élection, chaque candidat fait un effort pour être élu. Certains sont sincères, mais d'autres prendront leur future fonction peu au sérieux.

Le silencieux

Parfois, le délégué se fait plus remarquer par son silence que par ses paroles et ses actions. Il ne veut pas se mêler des affaires des autres, ne s'intéresse qu'à son travail personnel. Le remède ? Discuter avec lui pour lui faire comprendre que ses camarades attendent des choses de lui et lui ont fait confiance. S'intéresser un peu plus à la vie de la classe peut aussi l'aider à se faire des copains.

Le « j'me mêle de tout »

Certains souhaitent devenir délégués pour satisfaire leur curiosité. Mais le délégué doit essentiellement s'occuper de la vie scolaire de ses camarades. Le reste ne le regarde pas. Même si avoir connaissance de certains problèmes personnels peut aider à comprendre les difficultés d'un camarade, on ne peut forcer personne à se confier.

L'acteur professionnel !

On ne demande pas au délégué de distraire ses camarades, de les faire rire, mais de les représenter. Lorsque chaque prise de parole se transforme en sketch comique, il faut agir. En discutant avec l'« acteur en herbe », on peut lui faire comprendre que la pièce est collective et qu'il ne joue pas un « one man show » !

Pas d'heures supplémentaires !

Trois fois par an, le conseil de classe réunit l'équipe pédagogique, les délégués des élèves et des parents. Certains délégués refusent d'y aller parce que c'est le soir, qu'ils ont une autre activité, du travail ou pas de moyen de transport. En cas d'impossibilité, le suppléant peut remplacer le titulaire, et puis il y a toujours un professeur prêt à raccompagner un pauvre délégué abandonné !

Des candidats désignés

Peut-on décider d'éliminer des candidats délégués parce qu'ils sont chahuteurs, turbulents ? Non, tout le monde peut se présenter, c'est aux électeurs de faire le bon choix.

Quel remède ?

Le titulaire ne tient pas sa place ? Pas de panique, il y a un autre délégué et deux suppléants. Si plus rien ne va, il est toujours possible d'organiser d'autres élections, mais seulement après la démission du délégué. Celui-ci doit être d'accord pour démissionner.

dico

Assesseur : personne qui surveille le vote pour qu'il n'y ait pas de tricherie, lit les bulletins de vote et note les résultats.

Électeur : celui qui vote.

Équipe pédagogique : ensemble des professeurs.

Suppléant : c'est le remplaçant du titulaire.

En faire assez... mais pas trop !

Félicitations !

Te voilà élu délégué pour une année scolaire. C'est la première fois et tu es un peu inquiet... Joies et contraintes, voyons ensemble ce qui t'attend.

On m'a choisi, donc je suis le roi de la classe !

Non, le délégué n'est pas le chef, il ne donne pas d'ordres et ne doit pas s'imposer. Il ne doit pas abuser de sa fonction pour obtenir des avantages : passer le premier à la cantine, faire porter son cartable... N'oublie pas que tu es désigné pour accomplir certaines tâches et pour aider tes camarades.

Porteur, s'il vous plaît !

Le délégué de classe n'est pas le « porteur » du cahier de textes. La classe peut élire celui-ci en même temps que les délégués ou bien établir un tour de rôle par ordre alphabétique. Après tout, le cahier de textes concerne tout le monde.

Transmettre sans déformer

Le délégué transmet les informations : papiers venant de l'administration, absences de professeurs, changements d'horaires, sorties organisées par le collège. Il participe aussi aux conseils de classe et doit faire un compte rendu fidèle sans donner son avis et sans interpréter ce que les professeurs ont dit. Toute la difficulté est d'être impartial !

Ne pas confondre moucharder et aider

Certains problèmes sont trop graves (racket, violences physiques) pour que le délégué les garde pour lui. Il ne faut pas hésiter à te confier aux adultes… même si on t'a demandé de garder le secret.

Rater les cours

Les réunions n'ont pas lieu pendant les heures de cours. Mais, lorsqu'il faudra accompagner un élève à l'infirmerie ou chez le CPE, tu manqueras une partie des cours. Ne t'inquiète pas, le professeur ou les copains te réexpliqueront. N'en profite pas non plus pour te balader dans les couloirs !

Le savais-tu ?

Le délégué juge

Quand un élève commet une faute grave (vol, agression), il passe devant le conseil de discipline. Les deux délégués de la classe participent aux délibérations. Il ne faut ni enfoncer le copain ni l'excuser, mais le sanctionner en fonction de la gravité de sa faute.

Trop sévère

« *Toute la classe a de mauvaises notes* », « *je comprends rien à son cours* » sont des remarques que font souvent les élèves. Que faire ? À toi de jouer ! Parle avec le prof, propose une révision générale avant le contrôle, demande du soutien et incite tout le monde à travailler régulièrement.

dico

Cahier de textes : cahier où les professeurs notent les devoirs et ce qui a été fait dans l'heure.

Conseil de discipline : réunion du principal, de son adjoint, des représentants des professeurs et des « superdélégués » pour prendre des sanctions contre un élève qui a commis des fautes graves (vol, agression).

CPE : voir définition p. 9.

Délibération : discussion entre les membres du conseil de classe pour prendre une décision, comme le passage dans la classe supérieure.

Comment décoder le bulletin de notes

Chaque trimestre, après le conseil de classe, tu reçois ton bulletin de notes. Voici quelques clés pour repérer les points importants et mieux comprendre ce que tes professeurs ont voulu dire.

1 Tu as progressé, mais seulement grâce au travail à la maison. Tu dois aussi travailler en classe, apprendre les leçons et participer.

2 Le précédent conseil te faisait confiance et t'a donné des indications pour t'améliorer. Tu n'en as pas tenu compte et tu n'as pas progressé ; le professeur sous-entend que cela n'est pas très sérieux.

3 Le professeur met l'accent sur ton comportement positif, peut-être parce que le reste de la classe est agité... Tes notes et l'appréciation sont un peu contradictoires : tu as 13 et 15, ce qui est tout à fait satisfaisant, mais le professeur indique « assez bon ». Il est sans doute assez exigeant.

4 La note et l'appréciation nous indiquent que tu es bon musicien.

Deux bons réflexes

Lorsque tu reçois ton bulletin, compare d'abord ta propre moyenne avec la moyenne de la classe (si elle est indiquée), ensuite avec la moyenne la plus haute et la plus basse. Tu pourras ainsi savoir comment tu te situes par rapport aux autres.
Puis, lis attentivement les remarques des professeurs.

Le		
Ré		
Maths		
1re Lang. All. Ang.		
Sciences		
Sc.Exp. Sciences p		
Sciences Hum. Histoire		
Géographie		
Ed. Civique		
Technologie		1
Éduc. Art. Éducation Musicale	17,8	
Arts Plastiques	15.	
Education Physique	S	
Options 2e Langue Vivante		
Latin	7	1
Admis dans la classe supérieure en : 4e	Visa et év	
Admis à redoubler en		

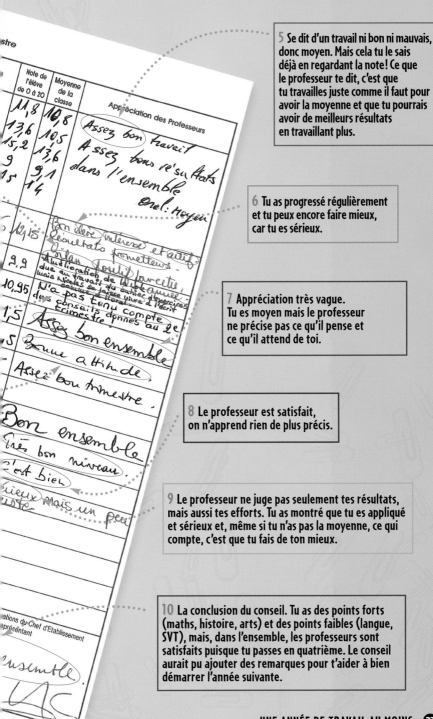

5 Se dit d'un travail ni bon ni mauvais, donc moyen. Mais cela tu le sais déjà en regardant la note! Ce que le professeur te dit, c'est que tu travailles juste comme il faut pour avoir la moyenne et que tu pourrais avoir de meilleurs résultats en travaillant plus.

6 Tu as progressé régulièrement et tu peux encore faire mieux, car tu es sérieux.

7 Appréciation très vague. Tu es moyen mais le professeur ne précise pas ce qu'il pense et ce qu'il attend de toi.

8 Le professeur est satisfait, on n'apprend rien de plus précis.

9 Le professeur ne juge pas seulement tes résultats, mais aussi tes efforts. Tu as montré que tu es appliqué et sérieux et, même si tu n'as pas la moyenne, ce qui compte, c'est que tu fais de ton mieux.

10 La conclusion du conseil. Tu as des points forts (maths, histoire, arts) et des points faibles (langue, SVT), mais, dans l'ensemble, les professeurs sont satisfaits puisque tu passes en quatrième. Le conseil aurait pu ajouter des remarques pour t'aider à bien démarrer l'année suivante.

Les bonnes recettes

Aider ses camarades, régler les problèmes, facile à dire, mais concrètement comment fait-on ?

Vive les groupes !

Le climat de la classe est tendu, l'ambiance est mauvaise. Réunis tes camarades en petits groupes pendant l'heure de vie de classe. Chaque groupe écrit sur une feuille ses problèmes. On échange les feuilles (anonymes) et chaque groupe cherche des solutions. Un rapporteur fait le compte rendu du groupe puis on met tout en commun : problème et solutions. Si une heure ne suffit pas, on peut continuer une autre fois.

Sans balle, pas de parole !

On ne s'entend plus penser dans cette classe, il y a vraiment trop de bruit. Une balle et un petit jeu peuvent ramener le calme : ne peut parler que celui qui tient la balle – c'est aussi valable pour le prof ! Au bout d'un temps donné, la balle change de mains, et tout le monde doit avoir la balle au moins une fois. Au début c'est difficile, mais après chacun apprend à se concentrer, à écouter et à être patient.

Longue maladie

Un de tes camarades est hospitalisé ou restera longtemps absent ; tu peux organiser son rattrapage de cours : photocopies et camarades volontaires pour lui apporter la liste des devoirs et lui expliquer les cours et exercices. Il se sentira moins seul et ne perdra pas trop le fil des leçons.

Mauvaise nouvelle

Comment annoncer un redoublement ? D'abord, il ne faut pas le faire devant tout le monde ; ensuite, même si ton copain s'en doute, ce n'est pas la peine de le lui annoncer brutalement. Présente-lui cela comme une chance de pouvoir recommencer et de combler ses lacunes. Le conseil ne propose le redoublement qu'aux élèves sérieux, auxquels cela pourra vraiment profiter.

« Ils sont bons, mes petits pains ! »

Tu aimerais bien organiser une sortie ou un voyage avec ta classe, mais c'est cher ! Tu peux en tant que délégué et avec l'aide d'un adulte organiser la vente de pains au chocolat, croissants, glaces ou friandises dans le collège pour financer une partie du voyage.

Un peu d'ambiance

Pour mettre un peu de gaieté dans le collège, pourquoi ne pas organiser des concours de dessin, de caricatures de profs, une tombola... Tout cela demande peu de moyens et permet d'égayer les murs.

dico

Heure de vie de classe : heure par semaine ou par quinzaine qui permet de réunir tous les élèves d'une classe et le professeur pour parler

Rapporteur : dans un travail de groupe, c'est celui qui transmet aux autres groupes les résultats de son groupe.

La journée d'un délégué

8 heures ! Tout le monde sur le pont !

C'est le début des cours. La journée promet d'être longue et, jusqu'à 16 h 30 ou 17 heures, les occasions de montrer tes capacités ne manqueront pas.

10 heures : une bagarre dans la cour !

Fabien et Stéphane, deux copains de ta classe, ont commencé à se chamailler pour une histoire de crayon pendant le cours de français. Mais le ton monte et la bagarre éclate à la récré. Il faut intervenir : séparer les bagarreurs, les raisonner ; une poignée de main et tout rentre dans l'ordre… jusqu'à la prochaine !

Un bavard devenu muet : bizarre !

Depuis ce matin, Clément est silencieux, il reste dans son coin. Ce n'est pas son habitude. Profite de l'interclasse pour lui parler ; quand on a un petit – ou un gros – souci, on est toujours content de se confier.

Heureusement, cette fois, rien de grave, juste un problème entre copains.

Nicolas et les chocolats

Nicolas a mangé trop de pain au chocolat à 10 heures et il se sent barbouillé. Avec l'autorisation du professeur, conduis-le à l'infirmerie. Il a encore abusé des chocolats, mais l'infirmière le connaît bien et sait que ce n'est pas grave. Repos et bouillon de légumes, ça ira mieux demain !

Encore une réunion !

Parfois, les réunions se déroulent entre midi et 2 heures. Tu es alors privé de récré. Mais il y a un côté positif : tu passes en priorité à la cantine !

Un changement imprévu

M. Martin est absent vendredi. En avançant le cours de Mme Leroux, la classe pourra finir à midi. Adresse-toi au principal adjoint ou au CPE, ainsi tu pourras vérifier s'il est possible de modifier les horaires… et vive le week-end !

C'est fini

L'année est finie et tu as pris goût à ta fonction. N'hésite pas à te présenter l'an prochain. Ton travail efficace de cette année te permettra d'être réélu.

Plus jamais ça !

Ah non ! Un an ça suffit, tu as détesté parler en public et être toujours donné en exemple. Maintenant, tu veux être tranquille, mais peut-être que dans deux ans… Finalement, ça n'était pas si désagréable !

dico CPE : conseiller principal d'éducation ; il s'occupe des absences, des retards, des problèmes de discipline et de la formation des délégués.

Le savais-tu ?

À ton tour

En septembre, être délégué ne t'intéressait pas. Par crainte de ne pas savoir faire, par peur de la nouveauté… Mais en voyant les autres agir tu as eu des idées et tu aimerais bien les essayer. Animer un club, créer le site Internet du collège, organiser une correspondance ou un échange avec un autre établissement… Tu as toutes les vacances pour préparer un bon discours et des arguments solides pour la rentrée prochaine.

L'école en chiffres

- Depuis 1959, l'école est obligatoire jusqu'à 16 ans.

- En France, en 1996, il y avait presque 10 % d'enfants illettrés à l'entrée en 6e.

- Aux États-Unis, seulement 10 % des élèves de 10 ans savent lire couramment.

- L'école devient mixte en 1965.

- Le montant de l'allocation de rentrée est de 245 € (environ 1 600 F).

- Une famille dépense en moyenne 200 € dans l'année par enfant scolarisé (environ 1 300 F).

- Un collégien coûte environ 6 600 € à l'État (soit 43 000 F).

- En France, 45 % des élèves sont scolarisés en ZEP (zone d'éducation prioritaire).

- 1977 : une circulaire officielle crée la fonction de délégué de classe.

- 80 % des collégiens obtiennent leur brevet des collèges.

Les acteurs du conseil de classe

En général, les conseils sont trimestriels et se déroulent avant les vacances. C'est un moment important où chacun a un rôle à jouer. Galerie de portraits.

Le principal, ou le principal adjoint, ou le CPE, représente l'administration. Il note au bas du bulletin le résumé des remarques des professeurs, des conseils pour progresser et éventuellement des encouragements, ou félicitations, ou avertissements en fonction du travail et des progrès de l'élève. Il peut aussi évoquer les absences ou les problèmes de discipline s'il y en a.

Le professeur principal préside le conseil de classe, il fait le bilan du trimestre écoulé puis donne la parole aux professeurs qui forment l'équipe pédagogique.

Il est rare que tous les professeurs soient présents, car il y a souvent plusieurs conseils de classe en même temps. Mais ne te fais aucune illusion, le prof de maths se débrouille toujours pour être là ! Chaque professeur complète ce que le professeur principal a dit : organisation du travail, discipline, travail à la maison et en classe.

Les deux délégués parents prennent des notes pour pouvoir faire un compte rendu écrit aux autres parents ; ils transmettent les questions posées par les parents sur l'organisation, les devoirs...

Les deux délégués élèves posent les questions préparées, défendent leurs camarades, par exemple en apportant des informations que le conseil ignore. Ils notent les remarques des enseignants pour les transmettre à leurs camarades.

Quiz

Maintenant que tu as lu cet « Essentiel Milan Junior », qu'en as-tu retenu ? Ce quiz te permettra de tester tes connaissances. Attention, parfois plusieurs réponses sont possibles.

1 Qui peut se présenter ?
A Une fille et un garçon uniquement.
B Uniquement de bons élèves.
C Qui en a envie.

2 Démissionner est :
A permis si on ne veut plus être délégué.
B obligatoire si les autres ne veulent plus de nous.
C obligatoire si on a commis des fautes graves.

3 John est étranger :
A il peut se présenter et voter comme les autres.
B il n'a pas le droit de voter.
C il peut voter mais pas se présenter.

4 Saïd et Olga ont le même nombre de voix :
A c'est le garçon qui est élu.
B et la galanterie ? C'est la fille !
C non, c'est le plus jeune, garçon ou fille !

5 La majorité absolue, c'est quand :
A tout le monde a voté pour la même personne.
B un candidat a plus de voix que les autres.
C un candidat obtient la moitié des voix plus une.

6 Au conseil de classe :
A le délégué défend tous ses camarades.
B le délégué pose des questions.
C les titulaires viennent avec les suppléants.

7 Le vote :
A est à bulletin secret.
B se fait à main levée.
C se passe en un seul tour.

8 Le conseil de classe se déroule :
A une fois par an.
B une fois par trimestre.
C quand les profs et les élèves le demandent.

9 En France, l'école est laïque, gratuite et obligatoire :
A pour permettre à tous les enfants d'y aller.
B pour donner les mêmes chances à tous les enfants.
C pour donner une instruction religieuse à tous les enfants.

10 Un bon délégué :
A est réélu automatiquement l'année suivante.
B essaie d'être toujours objectif.
C est toujours prêt à dénoncer ceux qui font les bêtises.

11 Être délégué, c'est :
A beaucoup d'heures en plus.
B un peu de travail en plus, mais pour aider les autres.
C l'occasion de rater des cours.

Pour t'aider à préparer les conseils de classe

Tu souhaites être à la hauteur de ta mission lors des conseils de classe. Avant, pendant et après : quelques conseils pour t'aider.

❶ Une bonne préparation

Le conseil permet de faire le point sur les progrès et les difficultés de chacun. Pour ramener le maximum d'informations à tes camarades, tu dois te préparer très sérieusement. Avant le jour J, recueille les questions de tes camarades et classe-les par thème : planning, matériel, local. Rappelle-leur que les problèmes avec un professeur ne se règlent pas au conseil de classe. Puis, prépare un tableau que tu compléteras pendant le conseil : inscris le nom de tes camarades verticalement et les différentes matières horizontalement.

❷ La séance

Le professeur principal fait d'abord des remarques générales. Puis un tour de table permet à chaque professeur de s'exprimer. C'est à ce moment que tu pourras demander la parole et poser tes questions. Ensuite, on passe au cas par cas. Répartissez-vous le travail entre délégués : chacun notera les commentaires d'un élève sur deux. Écrivez lisiblement, car il faudra se relire.

Utilisez des abréviations :
TB pour très bien,
PB pour problème,
↗ pour en progrès,
↘ pour en baisse,
= pour stable.

❸ Le compte rendu

Mieux vaut le faire pendant l'heure de vie de classe avec le professeur principal, qui pourra apporter des précisions. Commence par donner les remarques générales concernant la classe (comportement, travail, participation) puis passe au détail de chaque matière et enfin au cas par cas. Mais n'oublie pas que ce qui est dit au conseil de classe est confidentiel. Il est parfois gênant de parler des difficultés d'un copain devant tout le monde. Fais plutôt un compte rendu individuel. Commence par ce qui est positif : il a progressé, il est attentif en classe... Ensuite, parle de ce qui va moins bien : il travaille irrégulièrement, pas suffisamment à la maison... Enfin, conseille-le pour qu'il s'améliore : en travaillant plus régulièrement, avec un copain plus fort, par exemple.

Pour aller plus loin

Livres

Les manuels scolaires

Dans ton livre d'éducation civique, tu trouveras un chapitre sur les délégués de classe ; il te renseignera sur leur rôle, l'élection, etc.

Les cahiers d'exercices

Tu as aussi des cahiers d'exercices pour mettre en pratique tes connaissances :
Thierry Aprile, Olivier Barberousse, Jean-Pierre Panouillé, *Le Journal de l'apprenti citoyen,* Hatier.
Dany Feuillard, Claire Feliers, Jean Perlein, *Éducation civique sixième,* Hachette.
Collectif, *Éducation civique sixième,* Magnard.

Les revues

La revue bimestrielle *Échanger,* publiée par l'académie de Nantes et disponible dans les CDI, les CDDP et CRDP. Le dossier n° 26 d'avril 1996 sur le thème du conseil de classe aborde la formation des délégués.

Publications académiques

Aroeven de Bordeaux a écrit un dossier sur les délégués, disponible dans les CDI : *Dossier préliminaire, aider les délégués élèves au lycée,* 1999, que l'on peut aussi utiliser pour le collège.

Sites Internet

Souvent réalisés par les académies, des établissements scolaires ou des fédérations de parents d'élèves.

Sites académiques

artic.ac-besancon.fr/lycee-luxembourg
(choisir la rubrique « les projets »)
Présente un projet de formation des délégués de classe. Les détails sont nombreux et on trouve une charte du délégué.

www2.ac-lille.fr/clg-eisen/le.html
Une mine d'idées pour réaliser le site des délégués. Propose un organigramme du collège avec des portraits (principal, profs…).

Autres sites

www.rochambeau.org/secondaire/ espaceeleves/indexespaceeleves.html
Le site du lycée* français de Washington. Un guide complet : conseils, définitions… Sa mise à jour date un peu (1999), mais les informations restent justes.

fcpemagnanville.free.fr
(choisir la rubrique « délégué »)
Un site destiné aux parents. Donne des renseignements sur le déroulement d'un conseil de classe.

* Aux États-Unis, le niveau lycée correspond aux niveaux des collèges et lycées français.

Index

Réponses au quiz

1	C	**7**	A
2	A	**8**	B
3	A	**9**	A et B
4	C	**10**	B
5	C	**11**	B
6	A et B		

Responsable éditorial : Bernard Garaude
Directeur de collection : Dominique Auzel
Assistante d'édition : Natacha Fradin
Correction : Élisée Georgev
Iconographie : Sandrine Batlle, Anne Lauprète
Conception graphique : Anne Heym
Maquette : Isocèle
Couverture : Bruno Douin

Illustrations : Mati

Crédit photo :
Couverture : (haut) © N. Tavernier – Réa /
(bas) © D. Chauvet – Milan / (dos) © Mati
p. 5 : © Diaphor – Images du Sud
p. 9 : (haut) © Garnier – Images du Sud / (bas) © DR
p. 12 : © Estrella – Images du Sud
p. 13 : © N. Tavernier – Réa
p. 15 : © D. Chauvet – Milan
p. 16 : © C. Cordonnier – Daily Life
p. 17 : © P. Massacret – Milan Presse
p. 19 : © Icard – Images du Sud
pp. 20-21 : © C. Cordonnier – Daily Life
p. 23 : © D. Chauvet – Milan
p. 25 : © P. Allard – Réa
pp. 26-27 : © DR
p. 28 : © Lis – Images du Sud
p. 29 : © Alix – Phanie
p. 30 : © D. Chauvet – Milan
p. 31 : © Images du Sud

© 2003 Éditions MILAN
300, rue Léon-Joulin,
31100 Toulouse France
Droits de traduction et de reproduction
réservés pour tous les pays.
Dépôt légal : septembre 2003.
ISBN : 2-7459-1162-7
Imprimé en Espagne.

Derniers titres parus

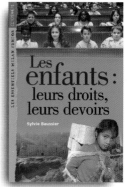

36. Les enfants : leurs droits,
leurs devoirs
Sylvie Baussier

37. Les grands explorateurs
Jean-Benoît Durand

38. Le guide du collège
Nadia Benlakhel

39. Pourquoi c'est interdit ?
Magali Clausener-Petit

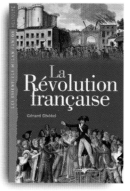

40. La Révolution française
Gérard Dhôtel